Georges ALLIX

# Les Cheminots et l'Amnistie

(Extrait de la *Revue Politique et Parlementaire* du 10 Octobre 1924)

LA REVUE POLITIQUE ET PARLEMENTAIRE
10, rue Auber. — Paris

1924

Georges ALLIX

# Les Cheminots et l'Amnistie



(Extrait de la *Revue Politique et Parlementaire* du 10 Octobre 1924)



REVUE POLITIQUE ET PARLEMENTAIRE
10, rue Auber. — Paris

1924

# LES CHEMINOTS ET L'AMNISTIE

La Chambre des députés, après plus de cinq jours de discussions orageuses, et sous l'impérieuse pression de ses éléments les plus avancés, qui ont réussi à en faire aggraver singulièrement les dispositions primitives, a voté le 14 juillet dernier, par 325 voix contre 185, un projet de loi d'amnistie, qui étend celle-ci, entre autres (article premier, § 13) :

« A tous les faits ayant donné lieu ou pouvant donner lieu, contre des fonctionnaires, employés ou ouvriers des services publics ou concédés, officiers ministériels, avocats, à des peines disciplinaires ; sont exceptés les faits ayant donné lieu ou pouvant donner lieu à des sanctions disciplinaires pour manquements à la probité, à l'honneur, ou aux règles essentielles imposées pour la gestion des caisses publiques ou le mouvement des deniers d'autrui.

« L'amnistie entraînera la réintégration. Les fonctionnaires, agents et ouvriers réintégrés de l'Etat et des services concédés et les marins et agents du service général des Compagnies subventionnées et des flottes contractuelles seront replacés, tant en ce qui concerne l'avancement que les droits à la retraite, dans la situation où ils se trouveraient s'ils étaient restés en activité.

« La réintégration n'aura lieu qu'après que les victimes de la guerre ayant droit aux emplois réservés, en vertu de la loi du 30 janvier 1923, auront exercé leur droit de préférence. »

Il apparaît tout d'abord que l'introduction d'un pareil texte dans une loi d'amnistie témoigne d'une regrettable confusion dans les idées. L'amnistie est un acte politique effaçant l'effet de certaines *condamnations* : les mesures que la Chambre a entendu annuler n'ont aucunement ce caractère, et, allant plus loin, un député contestait naguère, dans le journal *Le Peuple*, que la révocation d'un employé, rupture du contrat de travail, conformément aux règles du droit commun, soit une *peine disciplinaire*.

Mais ce sont pourtant les *peines disciplinaires* que le texte voté prétend effacer, toutes, quelles qu'elles soient et de quelque nature qu'ait été la faute, même si elle a risqué d'exposer le public à un danger grave.

La réintégration des fonctionnaires et agents visés est *obligatoire*, et cela est tout à fait nouveau, comme nous le verrons plus loin ; le texte ne suppose même pas qu'elle devra être demandée, comme le gouvernement avait paru l'admettre. Elle s'appliquera même à des gens dont le poste n'existe plus, et l'on peut se demander si le bénéfice ne pourra en être réclamé par des stagiaires...

Enfin, par une décision inconcevable, la Chambre veut que les réintégrés soient remis à la place même qu'ils occupaient et bénéficient de tous les avantages qu'ils auraient obtenus s'ils étaient restés au service comme employés irréprochables : ce serait la démoralisation et le découragement certains de ceux qui sont restés dans le devoir et fidèles à la discipline ; la ruine de toute autorité, aussi bien celle des chefs responsables qui ont prononcé les peines annulées que celle même des réintégrés : parmi eux, quelle serait la situation des gradés, en présence de leurs anciens subordonnés, qui avaient peut-être tenté naguère de les débaucher ? On a parlé de mesure d'oubli et de pardon, mais on a voulu qu'elle fût une réparation, un triomphe ; les révolutionnaires disent une revanche : ce n'est pas l'apaisement, c'est la guerre sociale, les communistes le proclament ouvertement.

Le dernier alinéa du § 13 sauvegarde les droits des candidats « victimes de la guerre », mais non ceux des anciens militaires non mutilés, à qui des emplois doivent être réservés dans l'intérêt du recrutement de l'armée. Quant aux jeunes gens ayant déjà reçu une formation professionnelle et qui désirent reprendre leurs fonctions après le service militaire, eh bien, tant pis pour eux, ils marqueront le pas ! On n'a jamais rien eu à leur reprocher, ils ne sont pas intéressants comme les enfants prodigues ... non repentis...

Malgré les injonctions de quelques-uns de ses membres, le Sénat s'est refusé à voter, dès le lendemain (30 juillet) du jour (29 juillet) où il lui avait été présenté, un texte aussi grave et aussi complexe, qui vise près de cinquante lois spéciales et plus de deux cents articles du Code pénal, du Code d'instruction criminelle ou des codes de justice militaire, dont les conséquences financières sont inconnues et les conséquences sociales incalculables. Sur la demande de sa Commission de législation civile et criminelle, qui se déclarait dans l'impossibilité matérielle absolue de rapporter le projet avant la fin de la session, le Sénat en a renvoyé l'examen à la rentrée et s'est contenté, provisoirement, d'adopter un texte qui est devenu la loi du 8 août, prorogeant le délai d'application de la grâce amnistiante. La Commission s'est mise à l'œuvre ; après avoir étudié très sérieusement le texte de la Chambre et entendu les divers groupements que le projet intéresse, elle a émis, le 27 août, un avis qui, tout en acceptant d'une manière générale les dispositions votées au Palais-Bourbon stipule que *les réintégrations resteront facultatives.*

Cette décision, prise à une importante majorité, fait honneur à la clairvoyance et à l'esprit politique de la Commission de législation civile et criminelle. Le Sénat a donné trop de preuves de sa sagesse et de son souci de l'ordre social pour qu'il soit permis de douter qu'il suive, sur ce point essentiel, les conclusions de sa commission.

⁂

Nous aurions voulu étudier la répercussion du texte voté par la Chambre dans les diverses administrations : malheureusement, il ne nous a pas été possible d'obtenir des statistiques et des informations concernant les fonctionnaires révoqués ou rayés des cadres : instituteurs, agents de la police de l'Etat, postiers, etc. Force nous est donc de nous en tenir au plus gros bataillon — tant pour le nombre que pour l'importance — qui est celui des cheminots. Au surplus, c'est la réintégration des cheminots qui tient le plus à cœur aux partis révolutionnaires, parce que le système des transports est un grand sympathique dont la paralysie frapperait tout l'organisme national; et tel est le but poursuivi obstinément depuis vingt-cinq ans. Il convient de rappeler l'histoire de cette véritable lutte pour la vie du pays, dont le souvenir est trop effacé : celui même des événements de 1920 s'estompe déjà dans une brume complice et léthargique que nous voudrions dissiper.

Se rappelle-t-on encore la grève des chemins de fer de 1910, dont l'incommodité fut vivement ressentie ? La menace avait paru fort sérieuse déjà. Mais M. Briand, qui était alors président du Conseil, y fit face avec beaucoup de décision et d'énergie. On n'a pas oublié les paroles qu'il prononça à cette occasion.

Une grève des chemins de fer lui paraissait un fait si grave qu'il se déclarait prêt à aller jusqu'à l'illégalité s'il le fallait, pour la briser ; il n'hésita pas à mobiliser les cheminots, mesure parfaitement légale d'ailleurs, et la grève fut rapidement maîtrisée. Il y eut des sanctions, mais les gouvernements d'alors n'eurent même pas l'idée d'imposer aux réseaux — même à celui de l'Etat ! — la réintégration générale des révoqués. « Il faut que tous ceux qui ont commis une faute soient punis, disait M. Briand à la Chambre, le 20 décembre 1910. Il est nécessaire que la discipline soit conservée sur les réseaux, et *je ne vois pas comment il serait possible de l'y maintenir si les Compagnies se voyaient imposer par les gouvernements des réintégrations d'ensemble.* Comment seraient-elles en état d'imposer elles-mêmes une discipline à leurs agents ? Quelle serait leur situation ? »

La Chambre, repoussant, sur la demande du gouvernement, une proposition de résolution qui tendait à assurer la réintégration de tous les cheminots révoqués qui n'étaient pas sous le coup de poursuites judiciaires, vota un ordre du jour de M. Rabier, faisant confiance au gouvernement « pour procéder sur le réseau de l'Etat à la révision des cas de révocation dans le plus large esprit d'équité, de bienveillance et d'humanité, et pour insister auprès des Compagnies pour qu'elles procèdent à cette révision dans le même esprit ».

Six mois plus tard, M. Caillaux arrivait au pouvoir, et le 30 juin 1911, dans sa déclaration au Parlement, il s'exprimait ainsi : « Nous demanderons aux Compagnies de procéder à une révision des dossiers des agents révoqués, *dans les conditions mêmes où a opéré l'administration des chemins de fer de l'Etat, laquelle a été laissée entièrement libre dans l'examen des cas individuels, parce qu'elle était responsable et afin qu'elle le restât* ». Interpellé le même jour par M. Bedouce sur les mesures qu'il comptait prendre pour assurer la réintégration des cheminots révoqués, M. Caillaux répondait que le gouvernement avait engagé des négociations avec les Compagnies, leur demandant de s'inspirer de l'exemple du réseau de l'Etat pour opérer *celles des réintégrations qui pourraient être qualifiées de raisonnables.* Et ayant ainsi reconnu leur droit de procéder ou non à ces réintégrations, il ajoutait : « On nous demande un texte de loi pour contraindre les Compagnies de chemins de fer à réintégrer les agents révoqués. Je vous déclare que je n'aperçois pas comment, en la matière, pourrait être libellé un texte de loi qui fût opérant. Un des reproches que j'aurais à faire à certain texte dont on a parlé, qui n'a jamais eu un caractère gouvernemental, c'est qu'à mon sens il aurait été frappé d'inefficacité. On oublie toujours dans cette question qu'il existe — ce n'est pas nous qui l'avons fait, mais il existe — un régime de concession tel que, lorsque l'action de l'Etat va au-delà d'un certain point, elle est amenée, nécessairement, à se briser ». Le 11 juillet, sur la demande de M. Caillaux, président du Conseil, qui posa à ce sujet la question de confiance, la Chambre, par 425 voix contre 89, renvoya à la Commission du Travail une proposition de loi Jaurès, tendant à instituer, auprès de chaque Compagnie concessionnaire, un conseil supérieur de discipline dont l'assentiment préalable serait une condition obligatoire de toute révocation, avec effet rétroactif aux grévistes de 1910. Le 29 décembre 1911, la Chambre repoussa une proposition de résolution Colly, invitant le gouvernement à lui demander *des armes* contre les Compagnies en vue d'obtenir d'elles la réintégration des révoqués. M. Augagneur, alors ministre des Travaux Publics, déclara qu'à son avis la question des cheminots révoqués *était une question terminée*. Il demanda à la Chambre « de ne pas voter un ordre du jour inexécutable, dans le seul but de donner une apparence de vérité à ce qui n'en a pas », et la Chambre approuva les déclarations du ministre en votant, par 312 voix contre 140, l'ordre du jour pur et simple.

En 1913, au cours de la discussion du projet de loi d'amnistie, M. Colly, député, et plusieurs de ses collègues, déposèrent un amendement ainsi conçu : « Les agents, sous-agents, ouvriers des chemins de fer révoqués lors de la grève de 1910 sont réintégrés dans leurs emplois ». Le président du Conseil était M. Barthou : il fit remarquer que le projet d'amnistie aurait pour effet d'effacer les conséquences pénales des condamnations prononcées contre les cheminots, mais qu'on ne pouvait légalement aller plus loin. « Il est impossible, dit-il, le 29 mars 1913, de procéder *par voie de coercition légale* vis-à-vis des grandes Compagnies de chemins de fer ; en admettant que vous eussiez voté la disposition additionnelle qui vous est soumise, *les grandes Compagnies ne seraient pas dans l'obligation de réintégrer dans leurs emplois les agents qui ont été révoqués en 1910* ». La Chambre se rallia alors à une proposition de résolution de M. Albert Thomas « prenant acte des déclarations du gouvernement et comptant sur lui pour insister énergiquement auprès des Compagnies pour obtenir la réintégration des cheminots révoqués ».

Ainsi la Chambre radicale de 1910-1914, si favorable aux révoqués, n'alla jamais jusqu'à voter un texte de loi imposant leur réintégration aux Compagnies, ni même au réseau de l'Etat, malgré les invitations réitérées des socialistes. Seul le réseau de l'Etat procéda à de nombreuses réintégrations, et n'eut pas à s'en louer. Les Compagnies accordèrent à leurs agents révoqués des secours et même des pensions, mais se refusèrent absolument à leur rendre leur emploi. Toutefois, après le 2 août 1914, la guerre déclarée, dans un sentiment d'union patriotique, elles firent librement des réintégrations. Elles en furent médiocrement récompensées, car sur leurs réseaux, comme sur celui de l'Etat, les révoqués de 1910 se retrouvèrent en grand nombre parmi les grévistes de 1920...

***

On se rappelle quel trouble, quel malaise, quelle effervescence agitaient la France à peine éveillée, parmi les ruines et les deuils, du cauchemar de la guerre. La C. G. T., les Syndicats, qui voyaient grossir leurs effectifs, se croyaient tout puissants ; ils avaient obtenu (avril 1919) le vote de la journée de huit heures ; l'heure semblait proche où le prolétariat organisé allait s'emparer du pouvoir. Le premier acte, le coup décisif, eût été de mettre la main sur les transports. La Fédération des cheminots, qui trouvait dans des cadres fatigués et démoralisés un terrain propice à sa propagande, se distinguait par ses appels à la violence et à l'action révolutionnaire. Il y eut d'abord quelques sondages, et pour ainsi dire une répétition du grand soir que l'on méditait ; et malheureusement on fut encouragé par une indulgence imprudente où l'on ne vit que de la faiblesse. Dès 1919, il y eut une grève de solidarité sur le réseau de l'Etat en faveur d'un syndicaliste *menacé* de révocation pour propagande, et qui, finalement, *ne fut pas puni.* En janvier 1920, quelques ouvriers des ateliers de Périgueux ayant encouru de légères punitions pour abandon de travail avant l'heure réglementaire, une grève se déclara sur le réseau d'Orléans ; sur l'intervention du ministère des Travaux Publics, la Compagnie leva les punitions. Les meneurs jugèrent que « l'esprit de solidarité » des grévistes « éveillait l'inquiétude du patronat et du gouvernement » ; ainsi s'exprime

M. Monmousseau dans une brochure publiée, sous un pseudonyme, à la Librairie du Travail quelques semaines après la *Grande grève de mai* 1920 (tel en est le titre). «C'est dans cette atmosphère *de fièvre et de revanche*, note-t-il encore, que se place l'affaire Campanaud, sur le P.-L.-M. » ; — il s'agit d'un syndicaliste puni pour absence irrégulière, d'où grève, étendue à tous les réseaux, du 27 février au 2 mars. Un arbitrage du président du Conseil y mit fin, il y eut sept ou huit révocations, rapportées dans la quinzaine ! Cette mansuétude, M. Monmousseau l'avoue, « permettait toutes les espérances » ; la grève de février « était la lar e de fond du prolétariat » ; elle « trouvait le gouvernement désemparé, et devait fixer le sort du syndicalisme en le plaçant, *en pleine conscience de sa force, sur le chemin des réalisations* ». On le vit bien deux mois plus tard.

En attendant, la fermentation révolutionnaire se propageait. On remplirait des pages entières de déclarations des délégués de syndicats appelant la « lutte des classes » et la Révolution. Une circulaire de la Fédération Nationale des Travailleurs des chemins de fer, datée du 12 avril 1920, invitait les syndiqués à dire s'ils se ralliaient à l'ordre du jour voté par le Congrès du P.-L.-M., à Roanne, sous l'inspiration du fameux Midol et recommandant de « ne négliger aucune occasion *pour transformer en révolution effective les possibilités révolutionnaires* qui se manifestent, plus convaincu que jamais que le syndicalisme de lutte de classes est l'organisme de combat *dont l'aboutissement naturel est la révolution intégrale dans le domaine économique* ». « Il ne saurait être question, maintenant, avait dit M. Midol, de rester sur le terrain corporatif ». Et l'un de ses collègues invitait les syndiqués à débaucher les troupiers pour en faire « *les soldats de la révolution* ».

Le 28 avril 1920, l'ordre de grève était lancé par la Fédération des Travailleurs de la voie ferrée, affiliée à la C. G. T., d'ailleurs par un véritable coup de force contre ses propres statuts ! La grève devait commencer le 30 avril à minuit pour être effective le 1er mai à 6 heures du matin. Aucune revendication d'ordre professionnel ou corporatif ne la justifiait : le personnel venait d'être garanti contre tout arbitraire possible par un statut depuis longtemps réclamé : et de nouvelles échelles de traitement, préparées par une commission paritaire, avaient été mises en vigueur deux mois auparavant.

Mais la résolution votée au manège Japy par le Congrès

fédéral ne laisse pas le moindre doute sur le caractère révolutionnaire de l'entreprise : le but essentiel est « la disparition du patronat et du salariat, la transformation totale de la société, l'émancipation intégrale des travailleurs par l'expropriation capitaliste » avec « comme moyen d'action, la grève générale »; en regard de ces vastes desseins, le désir affirmé de faire aboutir le projet de nationalisation des chemins de fer élucubré par la C. G. T. est un pauvre prétexte invoqué seulement le lendemain de l'ordre de grève. La brochure déjà citée, est précédée d'une préface où Monatte jette un regard satisfait sur le chemin parcouru depuis l'échec de la grève de 1898 et le demi-échec de 1910 jusqu'aux 250.000 grévistes (chiffre d'ailleurs exagéré) qui ont tenu tout le mois de mai 1920. « Il y a quinze ans, dit-il, nous aurions ri au nez de quiconque aurait osé prédire qu'un jour à venir *des révolutionnaires* dirigeraient la Fédération des cheminots, que cette organisation serait forte de 300.000 membres et *se lancerait dans un mouvement offensif contre les Compagnies de chemins de fer* ». Et Monmousseau admire que la grève de mai ait été « le premier mouvement général qui, depuis l'armistice, se soit exercé en dehors de tout esprit corporatif ». Il s'agit bien d'intérêt professionnel ! C'est la « bataille sociale » qui se déclare.

La grève s'étendit à tous les réseaux ; mais ceux du Nord et de l'Est n'eurent que peu de grévistes, appartenant pour la plupart au service des ateliers, aussi le service des trains ne s'en ressentit guère. Il n'en fut pas de même sur les quatre autres réseaux : le nombre des grévistes y atteignit 30 à 40 o/o de l'effectif total, et de 42 à 63 o/o en ce qui concerne les mécaniciens et chauffeurs. Aussi la désorganisation fut-elle profonde et entraîna d'énormes pertes pour le pays : le nombre des trains de voyageurs et de marchandises dut être considérablement réduit. Si la crise put être surmontée et la grève vaincue, c'est grâce au dévouement du personnel resté fidèle à son devoir et à sa discipline ; grâce à l'effort des réseaux qui surent admirablement se débrouiller, maintenir un trafic ralenti mais régulier et assurer le ravitaillement ; grâce aux nombreux volontaires (près de dix mille), dont le concours ne saurait être trop loué ; grâce enfin à l'énergie d'un gouvernement conscient de ses devoirs en face du danger. L'opinion était nettement hostile à la grève, le public fit bonne contenance. Le succès des dispositions prises lui dissimula en partie la gravité du péril, le plus grand que l'ordre social ait affronté depuis bien des années.

La diminution du trafic entraîna une perte de recettes de plus de 65 millions pour le P.-L.-M., plus de 27 pour le P. O., plus de 15 pour le Midi et environ 15 pour l'Etat ; au total environ 120 millions, et les transports en retard ont continué à peser longtemps sur l'exploitation. Il a fallu cinq à six mois pour rattraper l'arriéré et revenir à une situation normale. Les grévistes ont perdu 40 millions de salaires, sans parler du chômage que la grève a déterminé dans les diverses industries et des pertes causées au commerce, à l'industrie, à l'agriculture (notamment par la diminution du tonnage des engrais transportés).

Il y eut aussi des dégâts matériels, des agressions et actes de sabotage criminels : 75 en vingt-neuf jours.

Dès le 21 mai, la C. G. T. se sentait vaincue et votait la reprise du travail, qui devint effective le 29 mai et le 1er juin. La C. G. T. a essayé de dégager sa responsabilité : mais celle-ci est établie de façon écrasante par le jugement du Tribunal de la Seine qui, quelques mois plus tard (13 janvier 1921) prononça la dissolution de la Confédération générale du Travail, comme illégalement constituée. Ce jugement rappelle, entre beaucoup d'autres faits, que le 28 avril 1920, M. Jouhaux, secrétaire général de la C. G. T., a fait remarquer que la grève des cheminots, dès lors décidée, était « une grève d'expropriation, dirigée contre les Compagnies de chemins de fer en tant que propriétaires des réseaux et contre le gouvernement, en tant qu'expression politique des classes dirigeantes. »

La société et le gouvernement étaient donc bien en état de légitime défense. C'est ce que fit ressortir avec force le ministre de l'intérieur, M. Steeg, en réponse aux interpellations qui lui furent adressées le 20 juin 1920 à la Chambre des députés. « Le Gouvernement, comme c'était son droit et comme c'était son devoir, a assuré la liberté du travail, a imposé le respect de la loi. Il a sévi contre les excitations criminelles. *Il a posé en principe que c'était un fait délictueux et non pas seulement politique que d'entreprendre contre la vie du pays une œuvre concertée de bouleversement et de ruine...* Nous nous sommes trouvés en présence d'une grève dont on ne peut pas nier qu'elle ait eu un caractère politique. C'est une lutte contre la vitalité économique de la patrie qui a été menée. On s'ingénie à développer chez nous une sorte de paralysie graduelle qui livre le pays, inerte et sans défense, à toutes les entreprises de l'audace révolutionnaire. Le Gouvernement n'avait-il pas le devoir de se dresser en face d'une tentative de ce genre ? Nous avons pensé que ceux qui ont accepté la charge de satisfaire aux besoins essentiels de la collectivité n'ont pas le droit de rompre arbitrairement les engagements qu'ils ont souscrits, que ce soient des employés de l'État, que ce soient des agents des services concédés. *Lorsque l'intérêt supérieur du pays est en cause, lorsque la grève est la guerre, alors oui nous sommes des briseurs de grève, nous sommes des briseurs de guerre civile.* »

Il est piquant de noter qu'au cours de cette discussion, M. Herriot, parlant au nom du parti radical-socialiste, désavoua formellement la grève : « comme républicain, comme démocrate, j'appelle de toute ma conscience l'attention de mes amis démocrates et républicains sur le danger que peuvent créer, dans ce pays si sensible au bon sens et si désireux de vivre, des événements pareils à celui-ci. Je désapprouve cette grève, parce que, syndicaliste ou socialiste peut-être dans ses intentions, elle n'a été en fait qu'anarchique. Je la désapprouve, parce qu'elle prétendait faire échec aux droits du suffrage universel et du Parlement... Prenons garde ! pour avoir trop longtemps peut-être ménagé l'esprit de violence, nous avons été, nous sommes ici, nous républicains de gauche, cruellement punis. Nous le sommes pour n'avoir pas osé dire à temps, avec assez de force, que nous voulions toute la démocratie et tout son développement, mais dans la légalité et dans la paix. *La faiblesse envers la violence serait une prime à l'opposition.* »

La discussion se termina par le vote (507 voix contre 14) d'un ordre du jour ainsi conçu :

« La Chambre résolue à assurer, avec une égale énergie, la liberté du travail et des droits syndicaux et décidée à maintenir contre toute tentative de dictature, d'où qu'elle vienne, la souveraineté du suffrage universel et le respect des lois de la République, félicite les travailleurs d'avoir, en très grande majorité, spontanément condamné une action dirigée contre les intérêts vitaux de la nation et remercie les citoyens qui les ont aidés dans leur tâche, volontairement.

« Approuvant le gouvernement, et confiante en lui pour pratiquer, dans l'ordre et la liberté, une politique de reconstruction nationale et de justice sociale, repoussant toute addition, passe à l'ordre du jour ».

Or, qui avait présenté cet ordre du jour ? MM. J.-L. Dumesnil et C. Chautemps, membres de l'actuel cabinet Herriot.

Et avec eux l'ont voté, outre M. Herriot lui-même, MM. Raynaldy, Queuille, Justin Godart, de Moro-Giafferi, Laurent Eynac, tous ministres aujourd'hui !...

Tandis que le gouvernement justifiait devant le Parlement et faisait approuver par lui son attitude résolue, les réseaux appliquaient les sanctions prévues au Statut. Parmi les agents qui avaient mérité d'être frappés, 4.900, qui ne figuraient dans le personnel qu'à l'essai, furent simplement congédiés ; plusieurs ateliers, où le mouvement révolutionnaire s'était particulièrement manifesté, furent fermés et les ouvriers licenciés, au nombre de 8.300 ; mais ceux-ci retrouvèrent, pour la plupart, du travail dans les entreprises privées qui assumèrent la gestion des ateliers. Les agents qui s'étaient rendus coupables de faits graves, de nature à compromettre la sécurité ou à porter atteinte à la liberté du travail, furent révoqués : il n'y en eut pas 1.000 (dont 245 ouvriers des ateliers). Ceux qui s'étaient contentés d'abandonner le travail et de ne pas le reprendre — après mise en demeure dûment notifiée — furent considérés comme démissionnaires et rayés des cadres ; 2.500 agents commissionnés se mirent dans ce cas.

On ne peut pas dire que ces agents aient été frappés par surprise. Dès les premiers jours de la grève, les réseaux, soit par voie d'affiches, soit par avertissements individuels, avait fait connaître au personnel que la cessation du travail entraînerait la rupture du contrat de travail et donnerait lieu aux sanctions statutaires. Des communications à la presse, de source très autorisée, faisaient également savoir que les révocations seraient définitives. De son côté, le conseil des ministres avait déclaré officiellement, le 15 mai « *que le gouvernement n'interviendrait en aucun cas auprès des réseaux pour faire rapporter les révocations et autres mesures disciplinaires prononcées à l'occasion de la grève* ».

L'application des sanctions statutaires était incontestablement légitime. On répète couramment que, puisque le « droit de grève » existe, personne ne peut être puni pour en avoir usé. En fait, la cessation concertée du travail n'est plus un délit — c'est ce qu'on appelle très improprement le droit de grève —, mais ce serait commettre une étrange confusion que de croire qu'un acte légalement permis ne saurait entraîner aucune conséquence fâcheuse, et que, s'il en survient, ceux qui en sont victimes peuvent demander à la Société de les en dédommager ! Quelle atrophie du sentiment de la responsabilité ! Il est de jurisprudence parfaitement établie que la grève entraîne, non la suspension, mais la *rupture* du contrat de travail, et cela même sans qu'aucune mise en demeure soit nécessaire, dès que le salarié quitte son travail.

Ainsi a jugé la Cour de Cassation, à plusieurs reprises, notamment dans un arrêt du 9 juillet 1921, visant le cas d'une garde-barrière, gréviste en 1920, qui avait refusé d'ouvrir le passage à niveau devant des gendarmes. Bien mieux, le patron est fondé à réclamer à l'ouvrier des dommages-intérêts pour brusque rupture du contrat de louage de services. Loin d'user de ce droit, les réseaux, après avoir laissé aux grévistes tout le temps de réfléchir à ce qu'ils allaient faire, ont liquidé la pension de ceux qui avaient droit à la retraite, remboursé aux autres leur capital, accordé des secours à ceux dont la situation était digne d'intérêt, donné à tous des facilités pour retrouver un emploi.

Si les agents frappés croyaient avoir à se plaindre de l'attitude des Compagnies, ils n'avaient qu'à les actionner en dommages-intérêts. Un au moins l'a fait, un syndicaliste militant de Limoges ; le Conseil des prudhommes, sans lui accorder d'ailleurs les 3.000 francs qu'il demandait, ayant condamné la Compagnie à le reprendre et à lui payer des appointements arriérés, avec intérêts, le tribunal de Limoges, dans un jugement longuement motivé, du 12 juillet 1921, a réformé cette sentence : « attendu qu'il est constant que les employés de chemins de fer ne sont pas des fonctionnaires ; que s'il leur est loisible de se mettre en grève — à leurs risques et périls, bien entendu — quand ils l'estiment opportun, il est de jurisprudence constante, consacrée par de nombreux arrêts de la Cour de Cassation que *la grève — lors même que son exercice serait fondé sur une cause légitime — entraîne, de la part de l'ouvrier ou de l'employé, rupture du contrat de louages de services*... que c'est B... lui-même qui, en se mettant en grève le 1er mai 1920, a volontairement rompu le contrat qui l'attachait au service de la Compagnie P. O. et qu'ayant répudié, par acte unilatéral de sa volonté, l'accomplissement de son service, il ne saurait prétendre avoir continué à conserver néanmoins son emploi qu'il s'était refusé à exercer en fait... »

Le gréviste est un démissionnaire : or, un article du statut du personnel des chemins de fer décide qu'en principe un agent ayant quitté son réseau ne peut être réadmis. S'il en est ainsi alors que le motif de la démission peut être des plus honorables, il serait vraiment abusif de faire exception à la règle en faveur des seuls grévistes.

Ces mesures parfaitement légitimes, quel en a été le résultat ? Si l'on en croyait les partisans des révoqués, ceux-ci auraient été des agents d'élite et leur départ aurait désorganisé les services. La vérité est toute autre, et les faits répondent. Nous avons vu d'abord qu'un grand nombre de radiations avaient atteint des agents à l'essai. S'il y avait parmi les révoqués quelques techniciens de valeur, il ne faut pas oublier que les qualités morales ne sont pas moins essentielles.

Avant la grève, la « crise des transports » sévissait à l'état endémique ; l'agitation régnant dans le personnel y était pour beaucoup, les uns préparant la grève et la révolution, les autres terrorisés et découragés ; une crise d'autorité se faisait sentir du haut en bas de la hiérarchie. Depuis la fin de la grève, l'ordre est rentré sur les réseaux, la discipline a été restaurée, les services ont repris une allure normale. Quelques chiffres en font foi.

Le pourcentage des immobilisations de matériel roulant, pour les locomotives, de 20,5 o/o au 1er août 1919, s'était élevé à 24,7 o/o au 1er juillet 1920 et est revenu à 16,5 o/o au 1er août 1923. Pour les voitures, les taux correspondants sont 26,4 o/o, 30,3 o/o, 17 o/o ; pour les wagons, 15,7 o/o, 18,6 o/o, 12,3 o/o. Ainsi, grâce à l'amélioration du rendement des ateliers, les immobilisations, entre le 1er juillet 1920 et le 1er août 1923, ont diminué de 8,2 o/o pour les locomotives, 13,3 o/o pour les voitures, 6 o/o pour les wagons.

Le nombre des accidents de chemins de fer ayant fait des victimes a été respectivement, pour les années 1920 à 1923 : 142, 72, 48, 39. Le nombre des journées de maladie a très notablement diminué.

Enfin une excellente mesure de la qualité de l'exploitation est le montant des indemnités payées par les réseaux pour vols, pertes et avaries de marchandises : pour chacune des années 1920 à 1923, il s'est élevé à 269,7 millions, 185,8, 136, 110 millions, sur l'ensemble des réseaux.

Voilà les résultats et les progrès dus au rétablissement de la discipline : ils seraient irrémédiablement compromis — sans compter le danger politique et social ! — par le retour des éléments de tumulte et de désordre éliminés il y a quatre ans.

Car le syndicalisme révolutionnaire n'a pas désarmé. La Fédération des cheminots ne songe qu'à la *revanche :* c'est déjà le cri de guerre de Monatte et de Monmousseau dans la brochure citée plus haut. « Esclaves vaincus, préparons notre revanche et notre libération ! » Cette pensée a inspiré les nombreuses interventions parlementaires en vue d'obtenir la réintégration des révoqués. Quant à la masse de ceux-ci, ils ne s'y intéressaient nullement, et les militants se sont plaints à mainte reprise de leur indifférence : aux réunions qu'on essayait d'organiser pour les galvaniser, il ne venait personne. C'est que la plupart — grâce notamment à la rareté de la main-d'œuvre dans le pays — ont retrouvé une situation où ils préfèrent rester ; le *Quotidien* lui-même a publié une lettre significative à cet égard. Ce qui ne l'est pas moins, c'est que parmi les anciens cheminots révoqués qui ont été candidats aux élections du 11 mai dernier, on a compté beaucoup de manœuvres ou ouvriers de la métallurgie, plusieurs cultivateurs, un géomètre, un directeur de coopérative, deux représentants de commerce...

Le ministre des Travaux Publics a dit que le texte voté par la Chambre intéressait 4.000 à 4.500 agents : c'est trop s'il ne s'agit que des agents commissionnés (nous avons vu plus haut que 700 avaient été révoqués, 2.500 rayés des cadres) ; bien trop peu si l'on tient compte des ouvriers des ateliers et des agents non commissionnés ou en stage d'essai, qui tous, a dit le ministre, pourraient invoquer la disposition votée.

En fait, en admettant que le nombre des demandes de réintégration ne dépasse pas le chiffre ministériel, la réadmission de ces agents ne manquerait pas de désorganiser nos réseaux, si ceux qui réclament leur réintégration sont, comme il y a tout lieu de le craindre, des militants déterminés à pratiquer une action révolutionnaire que M. Le Trocquer a dénoncée courageusement à la Chambre : organisation de *comités de gare*, sabotage des chemins de fer par application stricte et pharisaïque des règlements, pour préparer enfin le chambardement de la société capitaliste. M. Cachin l'a reconnu sur le champ et hautement proclamé : « Parfaitement ! C'est ce que nous disons tous les jours !» En effet, ils ne s'en cachent pas ; il n'y mettent du moins aucune hypocrisie, et les avertissements n'auront pas manqué. C'est le Congrès des cheminots unitaires (août 1923) préconisant *application stricte des règlements, puis grève perlée, puis grève violente ;* c'est le bureau fédéral Semard, comptant sur la réintégration complète de tous les révoqués, qui seront *les meilleurs propagandistes pour l'action syndicale révolutionnaire*. Ce sont les instructions de la *Tribune des Cheminots* (1er octobre 1923, 15 mars, 1er mai, 15 mai 1924), donnant les instructions détaillées de la Fédération unitaire sur l'organisation des comités d'ateliers et de gare et de la grève perlée. Il faut pour cette besogne un état-major révolutionnaire, et c'est pourquoi on réclame la réintégration des révoqués, dont le concours est, on l'avoue, indispensable.

Le 15 mai dernier, le secrétaire du Syndicat unitaire Lyon P.-L.-M. se félicitait des résultats obtenus à Lyon. « Nous avons *une agitation qui rappelle les grands jours de* 1920. Nous sommes prêts maintenant à engager la bataille... En avant pour l'aboutissement de la réintégration des révoqués ! » D'autres comités de gares ou d'ateliers existent ou se préparent à Paris P.-L.-M., à Oullins, à Paris-Etat, à Limoges. Le but ? On n'en fait pas mystère : « Nous n'avons jamais caché notre intention de jeter à bas le régime que défend notre ancien grand patron (M. Le Trocquer). Et comme nous voulons sincèrement faire cette révolution, nous nous attachons à la préparer de notre mieux » (*Tribune des Cheminots*, 1er août 1924).

Il s'agit de *noyauter* les centres vitaux des chemins de fer, conformément aux instructions de Moscou. Le parti communiste a répudié la tactique de l'ancien parti socialiste qui visait l'influence parlementaire par la conquête des mandats politiques ; il ne veut plus être « un parti parlementaire, mais un parti révolutionnaire, qui prépare la Révolution ». Depuis plusieurs mois, obéissant à un mot d'ordre venu de Moscou, il organise dans tous les milieux des « cellules d'entreprises, arme formidable pour la lutte de classes, sans lesquelles la Révolution ne pourrait se faire », et dont le « travail » est de la préparer. On vise « le renversement de la bourgeoisie, la conquête du pouvoir et la réalisation du communisme ».

Les cellules les plus « intéressantes » sont celles qui accompliront leur « travail » révolutionnaire dans les grandes entreprises « *qui comptent pour la vitalité industrielle d'un pays, qui en sont un rouage indispensable* ». *L'Humanité* du 29 juillet reproduisait le texte même de la résolution votée par le Ve Congrès mondial de l'Internationale Communiste de Moscou, qui cite : les usines, les fabriques, les mines, *les chemins de fer*... La réintégration des militants révoqués est donc une arme des plus dangereuses dans cette campagne généralisée contre l'ordre public et la société actuelle. Cette campagne se

développe sans mystère : toutes les citations précédentes sont empruntées à l'*Humanité* (19 et 26 juin, 18 et 29 juillet). C'est ouvertement qu'on organise la désorganisation ; c'est au grand jour qu'on prépare le grand soir. Il faut, pour n'en pas voir les lueurs sinistres, être frappé du plus inconcevable aveuglement.

*
* *

Cependant, la réintégration des cheminots révoqués a été un des premiers soucis de la majorité issue du 11 mai, et le gouvernement de son choix s'est empressé de l'offrir en don de joyeux avènement, dans une pensée d'apaisement et de réconciliation... Nous voyons là une manifestation nouvelle et particulièrement dangereuse de cette vague de sensiblerie qui tend de plus en plus à énerver la société devant ses ennemis déclarés. L'amnistie est devenue périodique, et les malfaiteurs y comptent. Chaque jour la police, mettant la main sur des malandrins, y retrouve de vieilles connaissances, bénéficiaires de la plus récente amnistie et rendues par elle à leurs exercices familiers. On ne parle aujourd'hui que d'éviter la « démoralisation » des honnêtes gens qui ont eu le malheur de se voir condamner en cour d'assises ; quant à la sécurité des autres, personne n'y songe : n'ayant rien sur la conscience, ils ne sont pas intéressants.

Ce qu'il faut penser de cet apaisement et de cette réconciliation, on l'a vu lors de la discussion à la Chambre ; on le voit chaque jour dans les feuilles qui réclament avec arrogance l'application d'une loi non encore votée par le Sénat. Le gouvernement intimidé n'a pas hésité à sacrifier deux éminents serviteurs du pays, le directeur général des chemins de fer au ministère des Travaux Publics, et le directeur des chemins de fer de l'Etat, coupables de voir trop clairement les funestes conséquences des réintégrations exigées.

Ce n'est pas même avec les honneurs de la guerre que prétendent rentrer les révoqués, mais en vainqueurs impérieux, et c'est le moment qu'on choisirait pour les introduire dans la place et leur en apporter les clés ! Dans cette débandade de l'autorité, les Compagnies de chemins de fer, bien décidées à « tenir », sont le seul rempart de l'ordre. Non qu'elles soient étrangères aux pensées généreuses qui inspirent le gouvernement, mais parce que, responsables de la marche délicate et complexe d'un organisme d'où dépendent la sécurité du public, la vie économique du pays et la défense nationale (c'est bien pour cela qu'il est visé par les révolutionnaires !) elles ont la certitude que l'application des mesures votées par la Chambre compromettrait irrémédiablement ce rouage essentiel de la Société, bien loin, comme on s'en flatte, d'en faciliter le mouvement. Avec la raison, elles ont le droit pour elles. Tous les ministres, jusques et y compris M. V. Peytral, ont reconnu qu'il n'existait aucun moyen légal de leur *imposer* la réintégration de leurs agents, et il en sera ainsi tant qu'il y aura des juges en France, et qu'on n'aura pas, par un coup d'Etat judiciaire, forgé *les armes* demandées dans *Le Peuple* du 18 août, par M. J. Uhry, qui déclare que pour obtenir cette réintégration, il faudra recourir à la *nationalisation* des chemins de fer, montrant ainsi à quoi tend toute cette campagne.

Il faut bien en voir les conséquences : il n'en est pas de plus redoutable pour l'avenir de la Société et du pays.

Ce sont leurs intérêts les plus graves que défendent les Compagnies dans la circonstance ; ce sont les intérêts du public. A lui de les encourager et de les soutenir.

Nous invitons les partisans désintéressés de la réintégration des révoqués à y réfléchir, et à méditer les propos, plus haut cités, de MM. Briand, Caillaux, Steeg, etc., qui ne sont sans doute pas suspects au Bloc des gauches.

M. Herriot et ses collaborateurs nous diraient sans doute qu'ils n'ont pas cessé de *condamner* la grève. Mais l'avertissement donné il y a quatre ans par le chef du gouvernement actuel n'a rien perdu de sa valeur, bien au contraire. Les pouvoirs publics d'aujourd'hui ne devraient-ils pas prendre garde au danger, non seulement politique, mais « politicien », d'une mesure gravement imprudente ? « *La faiblesse envers la violence serait une prime à l'opposition* », et nous ajouterons, à la Révolution.

G. Allix.

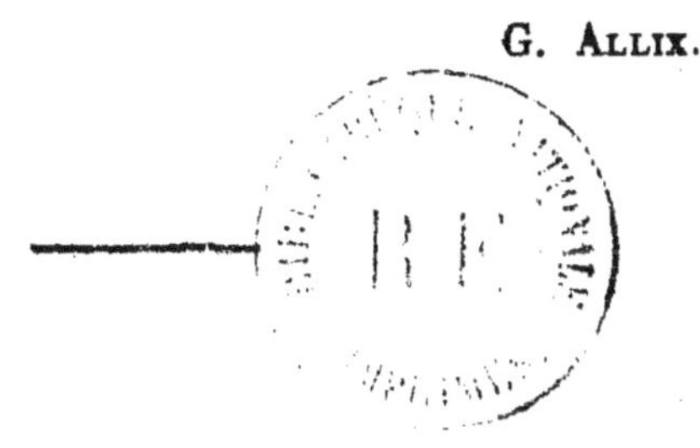

IMPRIMERIE :: :: :: ::

A. DAVY & FILS AINÉ

52, rue Madame, PARIS

www.ingramcontent.com/pod-product-compliance
Lightning Source LLC
LaVergne TN
LVHW010016230826
846092LV00002B/848

* 9 7 8 2 3 2 9 5 5 2 9 2 7 *